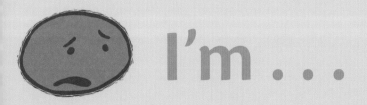 I'm . . .

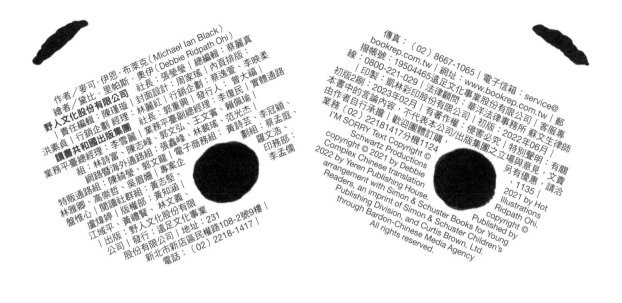

作者／麥可·伊恩·布萊克（Michael Ian Black）
繪者／黛比·里帕斯·奧伊（Debbie Ridpath Ohi）　總編輯：蔡麗真
野人文化股份有限公司　封面設計：陳璧璇　內頁排版：李映柔
責任編輯：陳瑾璇　行銷企劃：林麗紅　發行人：李復民
洪素貞　社長：張瑩瑩
行銷企劃　經理：社長：業務平臺總經理：賴佩瑜　實體通路
讀書共和國出版集團　業務平臺總經理：李雪麗　業務吳文弘、王文賓、范光杰、
業務平臺總經理：林詩富、陳志峰、張鑫峰、林裴瑤、黃詩芸、李冠穎、蔡孟庭、
組：網路暨海外通路組：郭文龍　電子商務組：黃志堅　羅文浩、
特販通路組：陳綺瑩、吳眉姍　專案企　劃部：
林雅卿、高崇哲、閱讀社群組：黃知涵　印務部：
盤惟心　版權部：林文義　李孟儒
盧煒婷、黃禮賢　版權部：林文義
江域平、黃禮賢　野人文化股份有限
公司　發行：遠足文化事業股份有限公司　地址：231
出版：野人文化股份有限　新北市新店區民權路108-2號9樓
電話：（02）2218-1417

傳真：（02）8667-1065｜電子信箱：service@
bookrep.com.tw｜網址：www.bookrep.com.tw｜
撥帳號：19504465遠足文化事業股份有限公司｜郵
線｜0800-221-029｜印製：凱林彩印股份有限公司｜法律顧問：華洋法律事務所　蘇文生律師｜客服專
初版2刷：2023年02月　法律顧問：華洋法律事務所　蘇文生律師｜初版：2022年06月｜特別聲明：有關
本書中的言論內容，不代表本公司/出版集團之立場與意見，文責
由作者自行承擔。　有著作權　侵害必究｜特別聲明：有關
業務（02）22181417分機1124　歡迎團體訂購/出版集團之立場與意見，另有優惠，請洽

# I'M SORRY

## 我好不想說對不起

作者／麥可‧伊恩‧布萊克（Michael Ian Black）

繪者／黛比‧里帕斯‧奧伊（Debbie Ridpath Ohi）

野人

馬鈴薯讓我很難受。

Potato hurt my feelings.

Oh, Flamingo.
I'll go talk to him.

噢，紅鶴……
那我去跟馬鈴薯聊一聊。

A sandwich?

That's a good idea.

請紅鶴吃三明治？
這主意不錯吧！

NO, not
a sandwich.

An apology.

不是，

不是請紅鶴吃三明治，
是跟他道歉。

**You want me to tell Flamingo I'm . . . I'm . . . sorry?**

妳希望我去跟紅鶴
說…對…對…
對不起嗎？

*Uh-huh.*
對呀。

Or what if I give Flamingo
ALL of my money?

還是我把我所有的錢，
都送給紅鶴？

No.
這也行不通。

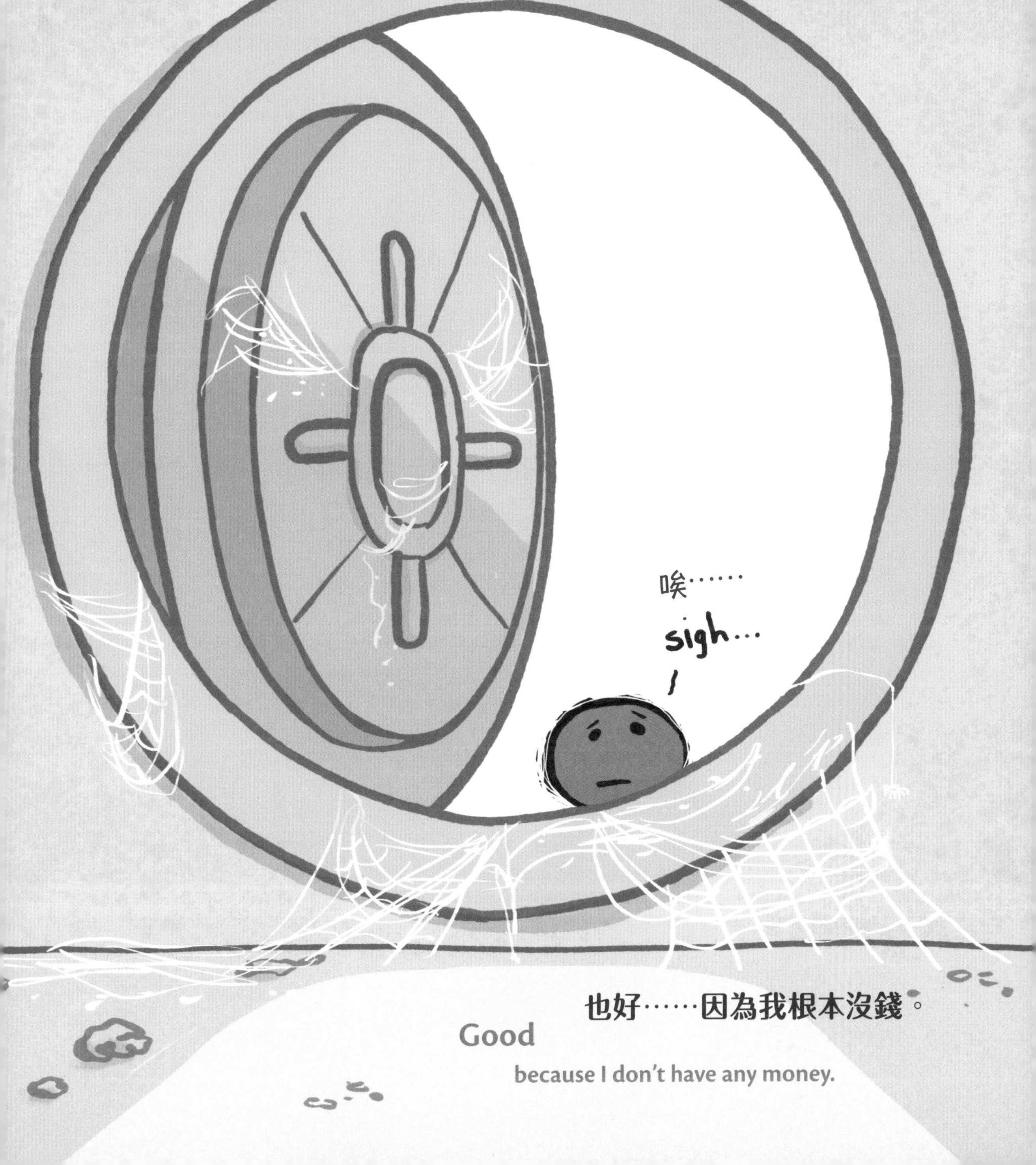


也好……因為我根本沒錢。

Good
because I don't have any money.

馬鈴薯，你應該要
跟紅鶴說對不起。
Potato, you have to
tell Flamingo you're SORRY.

但是，說對不起 **真的太難了**。

But that's **SO HARD.**

這可能是
**全世界最難**
說出口的一句話。

Saying I'm sorry is maybe
**the hardest**
thing to say in
**the entire world.**

**Even** harder than saying
*Solanum tuberosum.*

簡直比念出馬鈴薯的學名
「薯拉嫩土貝羅筍」還要困難。

That's a fancy way
of saying potato.

這是馬鈴薯比較花俏
的說法。

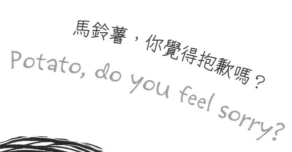

馬鈴薯，你覺得抱歉嗎？
Potato, do you feel sorry?

我感到非常抱歉。
The sorriest.

你也知道自己錯了嗎？
And you know
what you did
was wrong?

The wrongiest.

錯得很嚴重。

那你已經做到最困難的事了！
Then you already
did the hard part.

Now you just have
to tell Flamingo.

現在，你只需要跟
紅鶴說對不起。

I know it's
**YOU,**
Potato.

馬鈴薯，
我認得出來
這是你。

Oh. 噢。

That I was
only joking
and it
wasn't my fault
and—

我那時候只是在開玩笑，

而且那**不是我的錯**，

然後——

Potato.

馬鈴薯，你...

And... 然後⋯

and... 然後⋯

and... 然後⋯

and . . . 然後…

and . . . 然後…

You **really**
hurt my feelings.

你真的讓我很難受。

I know.
I'm sorry.

我知道。
對不起。

And I **still**
feel pretty upset.

我現在還是很難過。

真的，非常，對不起。
I'm so sorry.

I feel really, really bad about it and
I know there's nothing I can do to
take it back, but I hope, one day,
we can be friends again.

說出那些傷人的話，我覺得非常、
非常糟糕。我知道不管怎麼做，
都沒辦法收回那些話。但我希望，
有一天我們還能再做好朋友。

我想，我只能帶著超酷的
牛仔裝扮去流浪了……

Guess I'll just take
my really cool cowboy
costume and go. . . .

如果我們能多一個玩伴，一定很棒。
馬鈴薯，你覺得呢？

Potato?
It might be nice if we had
somebody else to play with.

我！
ME!

我！
ME!

ME!

我要一起玩！

And it might be nice if I had a hug from my friend.

如果我的朋友能擁抱我，
一定更棒。

我嗎？

Me?

真的真的真的真的真的真的對不起
我們還是好朋友嗎？
I'm soooooooooo sorry.
Friends?

Friends.

我們還是好朋友。

你為什麼帶我來這裡玩？
**熱死了！**

Why did you bring me here?
**It's so hot!**

對不起。

I'm sorry.